मुम्बई की लोकल

मुम्बई की लोकल

निलय उपाध्याय

वाणी प्रकाशन

वाणी प्रकाशन
4695, 21-ए, दरियागंज, नयी दिल्ली 110 002
शाखा
अशोक राजपथ, पटना 800 004
फ़ोनः +91 11 23273167 फ़ैक्सः +91 11 23275710
www.vaniprakashan.in
vaniprakashan@gmail.com
sales@vaniprakashan.in

MUMBAI KI LOCAL
by Nilay Upadhayaya

ISBN : 978-93-87409-85-9
Poetry

प्रथम संस्करण

मूल्य : ₹ 325

सिटी प्रेस, दिल्ली-110 095 में मुद्रित

वाणी प्रकाशन का लोगो मक़बूल फ़िदा हुसेन की कूची से

मुम्बई लोकल के यात्रियों के

जज़्बे और जांबाजी को

सादर

समर्पित

दो शब्द

अब अहा ग्राम्य जीवन नहीं।

अहा मुम्बई।

अहा अलबेला जीवन महानगरों का।

दस साल से मुम्बई में हूँ। दशक बीत गया मगर कभी समझ नहीं पाया कि यह मुम्बई आख़िर कितना समुद्र में है और कितना पत्थर में। कितना ज़मीन पर कितना स्वप्न में। कितने धन में कितने कर्ज़ में है। इस शहर की आचार संहिता में बस दो क्रियाएँ हैं—पैसा लेना है या देना है, इसके अलावे कोई सम्बन्ध नहीं।

हमारे यहाँ बिहार में कुत्ते साल में एक बार बच्चा देते हैं मगर मुम्बई में कुत्ते दो बार बच्चा देते हैं। उत्पादन का यह नियम सरकार ने तो नहीं बनाया मतलब मामला कुछ अलग गहरा और मौसमी है। यह जितना रूमान में है उतना ही उत्पादन में। यानी इस महानगर की उत्पादकता भी रूमानी है।

यह जनपद कभी मौर्य वंश के चक्रवर्ती राजा अशोक का साम्राज्य था। सिल्हारा वंश के राजाओं ने बनाईं एलीफैण्टा की गुफाएँ।। गुजरात के राजाओं से बहादुर शाह। बहादुर शाह से पुर्तगाली। पुर्तगालियों ने मुम्बई को दहेज में दे दिया प्रिंस चार्ल्स को। प्रिंस चार्ल्स ने लगा दिया पट्टे पर ईस्ट इंडिया कम्पनी को।

और द्वार खुला था अंग्रेज़ी सल्तनत का।

अंग्रेज़ों की सल्तनत को जानता हूँ मैं कुँवर सिंह की कटी बाँह से।

गाँव से बेपनाह मुहब्बत के बाद भी भाग कर मैंने मुम्बई में शरण ली। अपने गाँव में मिट्टी थी, यहाँ पत्थर पर उगना था। यहाँ जीवन के अथक संघर्ष में, चढ़ाव और उतार में मेरा मुम्बई की जिन चीज़ों से रिश्ता बना, मुम्बई की लोकल अनमोल थी, बेमिसाल थी। मुम्बई की लोकल के साथ एक अनोखा रिश्ता हर उस मुम्बईवासी का है जो जीवन की जंग में शरीक है और अभी असफल है। जन्म के बाद जैसे माँ का दूध पिए बिना जैसे कोई जवान नहीं हो सकता ठीक वैसे ही मुम्बई में लोकल के बगैर किसी की जीवन यात्रा पूरी नहीं हो सकती।

लोकल ने मुझे कभी एक जून की रोटी नहीं दी। मुझे भाग-भाग कर वहाँ पहुँचाया, जहाँ मुझे रोटी मिली। मेरा जीवन अनुभव उन लोगों के साथ भी रहा है जो रोज़ी रोटी के लिए रोज़ यात्रा करते हैं।

लेकिन मेरा अनुभव ज़रा अलग है।

मैं उन लोगों में एक था जो भीड़ में चढ़ने उतरने और होड़ में शामिल होने से डरते हैं और कम भीड़ वाली लोकल का इन्तज़ार करते हैं। कम भीड़ वाली नहीं मिली तो उलटी दिशा वहाँ जाकर वापस लौटते हैं जहाँ से लोकल बनती है। कहने का मतलब मैं उतना ही इस होड़ में शरीक हुआ जितनी अनिवार्यता थी नहीं तो किनारे हो लिया। अगर बहुत ज़रूरी हुआ तो भीड़ में पिसा भी।

कई बार छूट गया काम, जैसे लोकल छूट जाती है।

जाने-अनजाने अपनी तुलना मैं लोकल से करने लगा।

धीरे-धीरे मज़ा आने लगा और न जाने कब लोकल से दोस्ती हो गयी।

एक दिन लोकल ने मुझसे पूछा—तुम कवि हो।

मैंने कोई जवाब नहीं दिया तो बोल पड़ी एक आदमी जो बाहर से रोज़ी की तलाश में आता है, उसका मुम्बई में प्रवेश उतना ही कठिन है जितना लोकल के डब्बे में चढ़ पाना। कभी यह समझने की कोशिश की।

मैंने कहा—तुम लोगों को नहीं जज़्बा ढोती हो, इसलिए कई बार छूट जाता है जीवन नहीं छूटती मुम्बई की लोकल।

मुझ पर कविता लिखोगे?

किसी यातायात व्यवस्था के बहाने अपने महानगर और देश के जनजीवन को देखना और लिखना मेरे लिए चुनौती पूर्ण रहा या मज़ेदार कह नहीं सकता। कई बार लगा कविता में रिपोर्ताज़ लिख रहा हूँ। कई बार लगता कि कविता में अख़बार के लिए रिपोर्ट लिख रहा हूँ लेकिन मैंने इसकी चिन्ता नहीं की।

पूँजीवादी पैमाने पर मुम्बई सर्व स्वीकृत सभ्यता है।

देश के भिन्न-भिन्न भागों यानी अस्वीकृत सभ्यता के लोग जो टूट-टूटकर मुम्बई में गिरते हैं और उसके बाद लोकल में गिरते हैं, इन्हें समझे बिना समय को नहीं समझा जा सकता। यह लोकल मुम्बई की हृदय रेखा है।

—निलय उपाध्याय

अनुक्रम

ख़त्म हो जाती औरतों की याचना
समानता
और स्वतन्त्रता की

मुम्बई लोकल की औरतें

वह लड़की
जो दरवाज़े के पास खड़ी कान में इयर फ़ोन लगा
सुन रही है गाना और चिप्स भी खा रही है,
अगला स्टेशन आते जबरन आ जायेगी गेट पर
हवा में इस तरह लहरायेगा उसका आँचल
कि शरमायेंगे मेघ भी

उधर फ़ोन पर
हाफ पैंट पहने अपने प्रेमी से बात कर रही है एक
कि चालीस मिनट बाद अन्धेरी पहुँच जायेगी
वहीं पर आगे वाले
सिग्नल के नीचे करे इन्तज़ार

बीच में खड़ी एक
बता रही है कि पति की कमाई
ठीकठाक है, बच्चे भी कमा रहे हैं अच्छा-खासा
मगर क्या करूँ घर में बैठकर इसलिए
नौकरी कर ली स्कूल की
बच्चों के साथ बहल जाता है दिल

ये मुम्बई लोकल की औरतें हैं
तेज़ चलती हैं, तेज़ बोलती हैं
दौड़ कर पकड़ती हैं ट्रेन
धक्का देकर चढ़ती हैं और गेट पर खड़ी
आती हुई ट्रेन के दरवाज़ों पर खड़े लड़कों का

उड़ा देती हैं मज़ाक़, तीन लोगों से प्यार कर
ठोक बजा कर करती हैं शादी

ये मुम्बई लोकल की औरतें हैं
कम नहीं खातीं,
ग़म नहीं खातीं, गुस्सा आया
तो कर देती हैं नाक में दम, नहीं करतीं
छोटे-छोटे फ़ैसलों के लिए पति का इन्तज़ार
मन न हो खाना बनाने का तो बहाना नहीं बनातीं
साफ़ कह देती हैं
पति से आज खाना लेकर आना

इन्हें देखकर
कई बार सोचती है मुम्बई की लोकल
कि काश होते उसके भी डैने, पटरी की जगह
होता उसका आसमान उड़ती हुई मुम्बई की
इन लड़कियों को ले जाकर छिड़क देती
बीज की तरह
गाँव गाँव शहर शहर पूरे देश में
ख़त्म हो जाती औरतों की याचना
समानता
और स्वतन्त्रता की

लोकल के डिब्बे में हीरोइन

लोकल के डिब्बे में एक सुन्दर सी औरत
घबराई सी घुसी जैसे कलप कर कहा
मेरा बच्चा
आह निकल गयी सबकी
जब वह बदहवासी में निकली बाहर

जाते ही किसी ने कहा अरे पहचाना उसे
कौन थी वह
सबको लग रहा था चेहरा उसका
जाना पहचाना
नाम आते ही पहचान गये सब
वह थी बालीवुड फ़िल्मों की नामी हीरोइन

चल पड़ी लोकल और चर्चा निकल गयी
तीन साल पहले उसकी शादी हुई थी
एक बच्चा भी था
पति से तलाक़ के क़िस्से गरम थे
क्या हुआ बच्चे को पर अटक गयी बात

जिसने भी देखा घर जाकर बताया
उसकी बीवी ने बताया बिल्डिंग की औरतों को
और देखते देखते फैल गयी
लोकल के डिब्बे से घर घर तक हीरोइन के
आने की ख़बर
और क्या हुआ उसके बच्चे का

गहराती रही रात
गहराता रहा दुख, सोचते रहे सब
ज़रूर साजिश होगी उसके पति की
और जैसा कि समय है
पैसों के लिए अपहरण भी हो सकता है

पता नहीं किस हाल में होगी
बेचारी नन्ही सी जान

औरत
औरत ही होती है
दुख को अनदेखा नहीं करती
कुछ ने मन्नतें मानीं,
कुछ को नींद नहीं आयी रात भर

अगली सुबह
अख़बार में छोटी सी ख़बर थी
कि आने वाले सीरियल जिसमें गुम हो जाता है
मुम्बई के किसी स्टेशन पर एक माँ का बेटा
का प्रमोशन करने चर्च गेट स्टेशन गयी थी
बालीवुड फ़िल्मों की नामचीन हीरोइन

धूल-धूसरित अप्सरा

दिखने में धूल-धूसरित
काया काठी अप्सरा जैसी, मेरे सामने की
सीट पर बैठी थी लोकल में, यह सुख था मेरा
जब चाहता देख लेता

धूपिया रंग, दूर-दूर तक फैले सागर में
गोल और भूरे पत्थर सी उभरी थी
उसकी आँखें जिसमें भरी थी किसी के लिए
बेपनाह मोहब्बत
पुतलियों के जल में हर पल दिखायी देते थे दो बच्चे
जिन्हें अपनी माँ के पास छोड़ कर आयी थी

प्याज के गाँठ की तरह
अपनी परतों में कस कस कर रची
ईख के गाँठ सी तनी, बोलने में ज़रा तुतलाती थी
और तुतलाने की लाज से बचने के लिए
जब मुस्कराती थी, सच कहता हूँ
सीना नोच लेती थी

पता चला
पाँच हज़ार में बांग्लादेश के दलाल
पहुँचा देंगे पति के पास मुम्बई
तो बकरियाँ बेच दीं, बेच दिये गहने
हुए बस तीन हज़ार
तय किया अकेले जायेगी

तीन सौ में बिक गयी भारत की सेना
किया सीमा पार,
आयी कटिहार
बहिन के बेटे ने कटा दिया टिकट मुम्बई का
उसे मालूम था, वतन कलकत्ता कहना है उसे
और सिरसा मुसलमान यानी वंशज शेरशाह का

दादर में उतरी
मीरा रोड उसकी मंज़िल थी

उसकी आँखों में उसके पति का चेहरा था
कानों में रखैल की अफ़वाह थी और भी कई बातें थीं
मगर ये सब अन्दर की हलचल थी
बाहर सब ठीक था

बोरीवली के ठीक पहले
एकाएक चलती गाड़ी में काला पड़ गया
उसका रंग,
आँखों के कोर से लुढ़की
एक सूखी नदी
बेआवाज़ होठ हिले पर कुछ नहीं कह पायी वह

हाय राम
ये क्या हुआ? बांग्लादेश के दलाल के संग
खड़ी थी मुम्बई की पुलिस और मैं भौचक
कैसे आया लोकल में दो मुल्कों का क़ानून,
बताया दिखाया
उस धूल-धूसरित अप्सरा ने

नीले रंग की बिन्दी

बडे दिनों के बाद दिखा
अन्धेरी में खाली डिब्बा,
चढ़ा तो मिल गयी विंडो सीट बैठा पसर कर,
नौकरी मिल जाती है मुम्बई में
नहीं मिलती लोकल में विंडो सीट

आज चेहरे से जी भर टकरायेगी समुद्र की हवा
आँखों को मिलेगा सुख नज़ारों का
कि अचानक नज़र टिक गयी,
विंडो के ठीक नीचे
आराम से चिपकी थी नीले रंग की बिन्दी

किसकी बिन्दी है यह
ज़रूर कोई औरत बैठी होगी इस सीट पर मुझसे पहले,
इतनी कोमल कि ललाट को देने के लिए थोड़ा विश्राम
चिपका दिया हो यहाँ दीवार पर
और भूल गयी हो जाते समय

यह भी तो हो सकता है साथ बैठा हो
उसका पति, सामने उतार कर चिपकाया हो
और छोड़ा भी हो जान बूझ कर जताने के लिए
अपना ग़ुस्सा
तेरे साथ अब बिना बिन्दी के रहना है

हो सकता है बिन्दी के कारण
लग रही हो बहुत ख़ूबसूरत और घूर रहे हों
आसपास बैठे और खड़े लोग, पछता रही हो
कि क्यों आ गयी मर्दों वाले लोकल के डिब्बे में
और खीज कर चिपका दिया हो
लोकल की दीवार पर, लो जी भर देखो

चलती रही लोकल
उड़ान भरता रहा औरतों का सौन्दर्य
उनकी ख़ुशियाँ उनके दुख,
उसका रंग,
उसका रूप
जाने कितने ललाटों पर चिपकाया मैंने
आँखों के नाचते रहे जाने कितने बिन्दी लगे चेहरे
कि आ गया मेरा स्टेशन

एक बार मन हुआ निकाल लूँ
और ले चलूँ साथ,
दूसरे पल ख़याल आया तो छोड़ दिया यूँ ही

क्या पता लोकल को देखकर
याद आया हो उसे अपना जीवन और देकर
बिन्दी का उपहार, कायम किया हो बहनापा
कहा हो—
बहना, यह बिन्दी तो तुम पर जँचती है

फूल बेचने वाली लड़की

लोकल के डिब्बे में
हाथ में गुलाब के फूलों का गुच्छा लिए
बीस साल की एक लड़की आयी
मुस्कराई और कहा,
फूल ले लो बाबूजी

नहीं चाहिए
कह कर मैं देखने लगा खिड़की के बाहर
उस ओर जिधर चर्चा थी, वाल मार्ट खुलने की

फूल ले लो बाबूजी
आपकी तरह सुन्दर है, सुगन्ध भी है इसमें
चाहे·तो देख लीजिए आप सूँघकर, रोज़ पच्चीस का
बेचती हूँ आप बीस ही देना
मेरे चेहरे पर आये भाव देख ख़ुद ही
पन्द्रह पर आ गयी

एक बार कहा ना
मुझे नहीं चाहिए ये गुलाब
पूरी ताकत से इनकार कर मैं देखने लगा
उस 19000 वर्ग फ़ीट ज़मीन के टुकड़े को
जिसे सरकार ने आरक्षित किया था
वाल मार्ट के नाम
जिस पर बहस चली थी विधानसभा में

टैक्स माफ़ करने पर मचा था घमासान
विपक्ष बिक गया था

फूल बेचने वाली लड़की
अब मेरे सामने वाले यात्री से कह रही थी
मेरा यक़ीन कीजिए आपकी बीवी को बहुत अच्छा लगेगा,
प्लीज़, ले लीजिए बाबूजी ये गुलाब
और ना कह दिया उसने भी

मेरी ओर मुड़ी
रूआँसा मुँह बना कहने लगी गिड़गिड़ाकर
सुबह से कुछ नहीं खाया बाबूजी, इसे लेकर दे दीजिए बस
एक वडा पाव का दाम,
क्या कहूँ थर-थर कौंध गयी भीतर

पैसा निकालने के लिए मैंने जेब में लगाया हाथ
पकड़ लिया बगल में बैठे दोस्त ने—किस चक्कर में पड़े हो यार,
रोज़ आती है बारह बजे के बाद ऐसे बेचती है
सामान जैसे भीख माँग रही हो

पाँच सेकेण्ड

पाँच सेकेण्ड का वह समय
पाँच जन्मों से अधिक सुखद था मेरे लिए

खड़ा था नायगाँव स्टेशन पर
लोकल आयी
महिला स्पेशल थी
अगली का करना होगा इन्तज़ार
सोचकर खड़ा था कि पुकारा किसी ने
मुड़ के देखा—अरे गार्ड साहब आप

अगला स्टेशन भायन्दर
दस सेकेण्ड रुकी,
चली तो पाँच सेकेण्ड लगा
प्लेटफ़ार्म पार करने में

क्या बताऊँ,
कैसे बयान करूँ भाई
उस पाँच सेकेण्ड के बारे में

जैसे दुनिया के
सबसे ख़ूबसूरत और सुगन्धित
अभी-अभी खिले, ओस कण भरे
तरह-तरह के फूलों से खचाखच भरे
चन्दन वन की मेंड़ पर निकला हूँ टहलने

हर पाँच मिनट बाद नया स्टेशन
और हर स्टेशन पर वहीं
पाँच सेकेण्ड
आह जैसे
आसमान में सितारों के बगीचे की मेंड़ पर
सजा है मुम्बई का यह परी बाज़ार

ठूँस ठूँस भरी
फेफड़ों में साँस, आँखों में चित्र,
नाक में सुवास, नौकरी हो तो गार्ड की
ट्रेन हो तो महिला स्पेशल
और समय हो तो सुबह का
क्यों गार्ड साहब?

मुस्कराये गार्ड साहब
व्यंग था निगाहों में,

आज पूरे दिन
मेरी ड्यूटी है महिला स्पेशल पर
कवि जी, छः बजे शाम को भी आ जाइएगा ज़रा
चलेंगे साथ, देखिएगा टहनी से टूटकर देवों के सिर
चढ़ने के बाद इन फूलों का हाल
और ले जाइएगा कुछ अलग सुवास
कुछ अलग चित्र
असल ज़िन्दगी के भी

वे भी
बहुत तेज़ चलते हैं यहाँ
जिन्हें नहीं मालूम
जाना कहाँ है

आ रही है

प्लेटफ़ार्म पर
तिल रखने की जगह नहीं कहीं,
शोर इतना कि अपनी आवाज़ भी
सुनाई नहीं देती

पूरे दिन
पीठ पर यात्रा करने वाला बैग
लटक गया है सीने पर
उड़ान भरने के लिए तत्पर
किसी बाज के डैनों की तरह खुल गये हैं
असंख्य हाथ

किसी अघोषित युद्ध में
शरीक होने का इस तरह बुलन्द है
हौसला
जैसे अपनी पूरी ताकत समेट
उछाल के चरम पर साँस रोक खड़ी हो
समुद्र की कोई लहर

चौकस लोगों की व्यग्र निगाहे
टिकी हैं लोहे की पटरियों पर
उधर, जिधर से आ रही है
लोकल विरार की

आ रही है लोकल
विरार की
जैसे आ रहा हो जिगर में
धमनियों का रक्त

जाना कहाँ है?

असंख्य आँखों के सपनों
उम्मीदों
और इन्तज़ार की डोर से बँधी
खिंची आ गयी लोकल

रुकी भी नहीं कि
डैनों की तरह हाथ फैलाए
किसी ने दरवाज़ा पकड़ा
किसी ने दरवाज़े के बीच का खम्भा
किसी ने खिड़की का सरिया

पूरी ताकत से
अपनी ओर खींच कर दौड़ते रहे
इस तरह दौड़ते रहे, जैसे
रोक देना चाहते हों जबरन

तब भी नहीं रुकी तो
आँधी के झोंके की तरह
उछल उछल सवार होने लगे,
सीट की मची लूट

साँस भी सीधा नहीं कर पायी
और डिब्बों में इस तरह शुरू हुई
धम धम

कि मारे भय के
घबराकर रुक गयी लोकल
धीरज
बहुत कम है मुम्बई में
बेताबी बेसब्री से बहुत अधिक,
होड़ स्वभाव है इसका

वे भी
बहुत तेज़ चलते हैं यहाँ
जिन्हें नहीं मालूम
जाना कहाँ है

आक्रमण

जैसे किसी टीन के छप्पर को
पंखों से पीट रहे हों बारिश के मेघ

जैसे किसी अदृश्य सेनापति ने
चीख कर कहा हो–
आक्रमण

जैसे अकाल के मारे
और महीनों के भूखे लोग एक साथ
टूट पड़े हों
राहत सामग्री पर

किसी भी भगदड़ से भारी
किसी भी गति से तेज़
बारह डिब्बों के छत्तीस दरवाज़ों पर
टिड्डी दल की तरह आक्रामक
टूट पड़े हैं लोग

धम धम धाँय
पद प्रहारों से थर थर
काँप रही है
लोहे के बारह डिब्बों की देह

जंग

देखते देखते
इस तरह खाली हो गया
प्लेटफ़ार्म,
जैसे कोई था ही नहीं

बोरे में
अनाज के दानों की तरह
डिब्बे में ख़ुद ही कस गये लोग

सबके चेहरे पर है
जगह मिलने का सन्तोष

जिन्हें जगह नहीं मिली
मधुमक्खी के छत्ते की तरह
टँग गये हैं
दरवाज़ों पर

कुछ डिब्बों के जोड़ पर खड़े है
कुछ छत पर बैठे हैं और बिजली के
नंगे तार के ख़तरे से बेख़बर
ले रहे हैं राहत की साँस

विरार से चर्च गेट के बीच
हर स्टेशन पर
हर सुबह हर शाम होती है यह जंग,
कई बार छूट जाता है जीवन
नहीं छूटती लोकल

भायन्दर के जानवर

नायगाँव पार करने के बाद
समुद्र की खाड़ी पर
बने पुल पर
ज्योंही पड़ते हैं लोकल के पाँव
अजीब सी खड़ खड़ के साथ काँप उठता है
लोहे का दिल
और चीख कर कहती है सावधान

दरवाज़े पर खड़े लोग
पीछे हटते हैं
कुछ चिपक जाते हैं दीवारों से
कुछ कुण्डी से टँग जाते हैं

कुछ मकई के दाने की तरह
एक दूसरे से चिपककर बना लेते हैं क़तार
और एक रास्ता छोड़ देते हैं,
शेष समा जाते हैं
सीट पर बैठे लोगों के पाँवों के बीच

खाड़ी का पुल पार कर चुकी है लोकल
सहम कर चल रहे हैं पहिए
सब चुप चुप
सब परेशान
सबकी आँखों में पसरा है भय
सबको पता है
अब आयेंगे भायन्दर के जानवर

दाब दल

दाब दल, यानी जो खड़ा है
लोकल के दरवाज़े पर

दाब दल का स्थान तय है
दाब दल का समय तय है
दाब दल का दरवाज़ा तय है

चाहे कितनी भी भीड़ हो
लोकल का दरवाज़ा स्वयं नीचे उतर कर
दाब दल का स्वागत करता है

दाब दल का एक पाँव फ़र्श पर दूसरा हवा में
एक हाथ लोहे के खम्भे पर दूसरा घूँसे की तरह तना
जुबान पर
शिकारी सी कड़क आवाज़,
हाथ लगते हैं जैसे गिरा रहे हों दीवार,

भीतर चीख सहेज
एक दूसरे पर मुर्दे की तरह लदे
लोगों के हाथ से छूट रही है
सहारे की कुंडी
उखड़ रहे हैं ज़मीन से पाँव,

नमक के खेतों की हवा
जब नथुनों समाती है

दाब दल की बढ़ जाती है ताकत, उबलता है ख़ून अब पीछे घूम कर
पकड़ता है
लोहे का खम्भा
और पूरी ताकत समेट लगाता है झुककर
अपने गुह्यांग का ज़ोर

एक की आत्मा में समा रही दूसरे की देह
सहन शक्ति की सीमा को तोड़ देने वाली यन्त्रणा के बीच
मुम्बई में
मौत के बहुत क़रीब हैं लोग

मुम्बई के हर दरवाज़े पर जगह है
हर दरवाज़े पर खड़ा है कोई न कोई दाब दल

सुबास

तलवों के आसपास कितने तलवे हैं अंजनी भाई
ज़रा कर के बताओ अनुमान

छोड़ो गिन के बताओ
हाथों के आसपास, कितने हाथ
सिर के आसपास कितने सिर, कितने नाक

छोड़ो अंजनी भाई ये बात
अगर साथ होते हमारे बाबा नागार्जुन
तो नथुने फुला फुला के भर लेते हवा
हर शरीर के पसीने की गन्ध
अलग अलग
और मिलीजुली

कहते कि यही तो सुबास है
मुम्बई के लोकल की
इसको चुनौती नहीं दे सकता
महँगे से महँगा परफ्यूम भी

तभी जाने क्या हुआ
कि सबने रूमाल के सहारे खोंस ली
नाक में अपनी साँस, हँस पड़े अंजनी भाई
इसको क्या कहते बाबा नागार्जुन
जो अक्सर आती है महानगरों में
बदहजमी के बाद।

कुछ यूँ ही

डिब्बे में भीड़ के बीच
खड़ा एक पछताते हुए बता रहा था कि उसकी
चाल थी अन्धेरी में, पास थी काम करने की जगह,
सकून था, बीवी को बिल्डिंग में रहने का शौक
ऐसा चर्राया
कि बेच बाच कर आ गया विरार,

आक्सीजन कम है,
बोरीवली से चर्च गेट के बीच...साँस फूलने लगी
तो बताया डॉक्टर ने और आ गया इधर
अब तो आने जाने में फूल जाती होगी
कह कर हँसा दूसरा

एक बात है कि ट्रैफिक नहीं होता लोकल में,
वरना गोरे गाँव से
अन्धेरी जाने में घण्टा भर लग जाता है
बहस कर रहे हैं सीट पर बैठे लोग

कुछ तो है विरार नाला सोपारा, बसई
और नायगाँव की मिट्‌टी में
जीवदानी माता का आशीर्वाद या कुछ और
यहाँ जल्दी एक फ़ोन से खुल जाती है
भाग्य की गाँठ
विरार का छोरा ही तो गोबिन्दा बन गया था

जितने लोग,
उतनी बातें
जितनी बातें उतनी चुप्पी
जितनी चुप्पी उतनी कसक
जितनी कसक उतने तर्क
दूसरों से अधिक
ख़ुद को समझाने के ये तर्क

पैदा हुए लहू में,
पनपे शरीर की गुफा में और ज़िद्दी बच्चे की तरह
हार नहीं मानते, वरना कौन नहीं जानता कि
विरार से नायगाँव के बीच पीने का पानी नहीं आता,
बिजली चली जाती है
कई बार नहीं मिलते ज़रूरी सामान
और धौंस भी सहनी पड़ती है
स्थानीय लोगों की

दो घण्टे सुबह
दो घण्टे शाम
एक ही पटरी पर
कुछ यूँ ही
गुज़रती है सबकी लोकल

भीड़ में हाथ

भीड़ बहुत है
और सिर में खुजली हो रही है,

कोई ज़ोर ज़ोर से चिल्ला रहा है
जल्दी करो उँगलियो,
सिर में ललाट के पास
और कान के ऊपर खुजली हो रही है,

उँगलियाँ हथेली से कहती हैं
हथेली कलाई से, कलाई कुहनी से
कुहनी कन्धों से
और कन्धे रह जाते हैं ख़ामोश
जैसे सोच रहे हों कैसे निकालें हाथ को

बालों के बीच
बायीं तरफ़ धूप में रेडी की तरह
तेज़ चनक रहा है कुछ सिर में
जल्दी करो उँगलियो

कुछ करना ही होगा
सोचकर ज्यों ज़रा सी
घूमीं उँगलियाँ टकरा गयीं किसी की जेब में
पड़े पर्स से किसी की जेब में पड़े मोबाइल से,
उठा पाकेट मार का शोर और मारे भय के
थिर हो गयी अपनी जगह

बालों के बीच
अब तो सुलग रही है आग
सिर में और तेज़ खुजली हो रही है,

हथेली और कलाई के बीच हुई गुफ्तगू
बँध गयी मुट्ठी और जब उठी ऊपर,
साथ देने के लिए तैयार थी कुहनी
हिम्मत किया कन्धों ने
बिगड़ गया सन्तुलन
लोकल के डिब्बे का आ गया भूचाल

सिर्फ़ अपनी खुजली सोचने का,
जिसके भीतर उठा जज़्बा
जीत ली जंग,
जीत ली मुम्बई

मन्त्र

लोकल में चढ़ने के अलग नियम हैं
उतरने के अलग
और यात्रा करने के अलग

जो नहीं जानते
खड़े रह जाते हैं इन्तज़ार में
जैसे उनके लिए रुकी ही न हो

पहली के साथ स्वप्न
दूसरी के साथ हिम्मत
तीसरी के साथ गति
और छूट जाती है पकड़ से मुम्बई

मुम्बई में रहने के मन्त्र की सिद्धि
लोकल में होती है यहाँ यातायात के नियम लागू नहीं होते,
मनुष्यता के नियम लागू नहीं होते
लागू होता है नियम होड़ का

होड़ पहले दक्षता में बदलता है
फिर कला में
और मन्त्र बन जाता है

चौथी सीट

लोकल में
तीन लोगों की सीट पर चार बैठते हैं
और यह सहज है जैसे हवा या धूप

चौथा आता है,
बहुत विनम्रता से मुस्कराता है
जैसे बिन कहे समझा देता है
अपनी चाहत और दूसरा खिसक जाता है,

कई बार कहने पर भी
नाटक करता है कोई कोई खिसकने का
और इस तरह जो बचती है ज़रा सी जगह
बनती है चौथी सीट

कई बार बन जाती है
इतनी आराम देह
कि पता नहीं चलता कि चौथी सीट है
कई बार चल जाता है काम, और कई बार
यातनाप्रद हो जाता है बैठना

आधा चूतड़ सीट पर
और आधा से अधिक हवा में,
पाँव ही वहन करते हैं देह का बोझ
ऊपर से भीड़, आते जाते लोगों का दबाव
चौथी सीट मतलब साँसत में प्रान

अब इस लोकल की क्या कहूँ
क्या कहूँ मुम्बई की,
मुझे भी मिली हर जगह चौथी ही सीट
कई बार बैठा पसर कर, कई बार लटक कर
और अक्सर चला
खड़ा होकर

हिजड़े

मुम्बई के हिजड़े
नाचना नहीं जानते, बधावा नहीं गाते
आशीष की कीमत वसूलते हैं

एक हिजड़ा डिब्बे में घुस आया
रखना चाहा
सिर पर हाथ
मैंने हटा लिया सिर, हिजड़ों को टाल देना
इस समय का सबसे अच्छा इलाज है

हे भगवान
आकर और सट गया मुझसे
धमकी देने लगा कपड़े उठाकर नंगा होने की,
दिखाया पुलिस का भय तो तालियाँ फटकारने लगा
चिल्ला-चिल्ला देने लगा श्राप,
हार कर बीस रुपया दिया

सबक दिया उसने
बड़े बुज़ुर्ग की तरह समझाया
वे ही सफल होते हैं मुम्बई में
जिन्हें मिलता है हिजड़ो का आशीर्वाद

सुबह नहीं हुई उस शाम की
मैं चैनल की मीटिंग में पहुँचा

उन दिनों एक धारावाहिक पर चल रहा था काम
बात बात में मुझे लगा कि सामने की कुर्सी पर
बिना कपड़ों के बैठा है
कोई हिजड़ा,
ताली बजा कह रहा है मुस्कराते हुए
कि ले लो
ले लो ना मेरा आशीर्वाद
और काम छोड़कर वापस घर आ गया मैं

मुसीबत यह है कि अब मैं जहाँ भी जाता हूँ
जिस दफ़्तर में, जिस जगह काम की तलाश में
दिख जाता है
कोई न कोई हिजड़ा नंग धड़ंग
कहता हुआ कि गाड़ी चाहिए मकान चाहिए,
चाहिए सुविधा के साजो सामान
कि ले लो
ले लो ना मेरा आशीर्वाद

ले लेता हूँ आशीर्वाद

मगर हिजड़े तो देते हैं
हिजड़ा होने का ही आशीर्वाद,

वैसे भी मर्द बन कर
कौन सा तीर मार लिया
इस जीवन में सिवा करने के बलात्कार

और कई दिनों तक सोचते रहने के बाद
जब कुछ समझ में नहीं आया तो सोचा
आपसे पूछ लूँ
बोलिए
क्या कहते हैं आप।

युवराज

क्यों देर कर रही है लोकल
हरा क्यों नहीं होता आज
सिगनल

स्टेशन पर नज़र गयी
मार गया भक
चारों ओर घुमा घुमा कर निगाह
उचक उचक कर क्या देख रहे हैं
इतने सारे पुलिस के जवान

क्या ख़बर मिली है
उन्हें किसी आतंकवादी की
जिसके लिए चुप चुप
बिछाया गया है इतना बड़ा जाल

कोई तस्कर
कोई ठग
कोई भगोड़ा अपराधी
कोई हवाला का कारोबारी
या कोई...
कोई तो है ज़रूर बहुत ख़ास
और बहुत ख़तरनाक
जिसके लिए इतनी ख़ामोशी के साथ
जुटा है इतना साजो सामान

तभी सादी वर्दी के अंगरक्षकों से घिरे
जाने कहाँ से दौड़ने के अन्दाज़ में चलते
आये कांग्रेसी युवराज
और समा गये
दूसरे दर्जे के उस डिब्बे में
जिसमें पहले से बिठाए गये थे
नामी गिरामी पत्रकार

कल
अख़बार में छपेगी ख़बर,
टीबी पर दिखाया जायेगा, युवराज को
आम आदमी की तरह कुंडी पकड़ खड़े,

लिखा जायेगा इतिहास,
कहा जायेगा
मुम्बई में बिहार और यूपी के भइया लोगों का
बुरा था हाल,
दिल्ली से सुनकर
आये युवराज,

यात्रा की लोकल की, बदला इतिहास
लोकल हुई जन जन की, मुम्बई देश की
खी...खी...खी कर हँस पड़े,
चल पड़े पहिए

भय

विरार से चर्च गेट
चर्च गेट से विरार
हर पाँच मिनट पर जा रही है लोकल
और एक भी सवारी नहीं

ऐसा तो तब भी नहीं हुआ था
जब पानी लबालब भर गया था मुम्बई में

तब भी नहीं
जब हुए थे शहर में आतंकी हमले
और तब भी नहीं जब हुए थे
ट्रेन के डिब्बों में विस्फोट

खाली हैं स्टेशन
रुक गयी है शहर की रफ़्तार

घरों में बन्द हो गये हैं
दुनिया के सबसे दिलेर और साहसी लोग
सरकार ने कहा है कि बहुत ज़रूरी न हो तो
अपने घरों से बाहर न निकलें
बाहर शोक की लहर है

दुध मुँहे बच्चे नहीं पिएँगे दूध
ठेला पर सब्ज़ी बेचने वालों ने फ़ैसला किया

भले सड़ जाय मगर नहीं बेचेंगे आज
बाहर शोक की लहर है

कोई तो है
कोई तो है गड़ी है जिसकी तिरछी निगाह
कोई तो है लोकल के डिब्बों में आज

विरार से चर्च गेट
चर्च गेट से विरार
हर पाँच मिनट पर जा रही है लोकल
लोकल के पहियों के संग घिसट रही है
कोई आवाज़

जैसे फेस बुक पर शाहीन की आवाज़
मैं गुजरात जा रही हूँ

शुभ यात्रा

बगुले के पंख सा दप दप उजला
हाफ़ पैंट और टी-शर्ट

रूई से हल्का जूता मोजा
स्पोर्ट्स वाला कन्धों पर हवाई बैग

नौकर भी चाकर भी,
जो है बहुत खास
जिन पर किया जा सकता है
आँख मूँदकर विश्वास

जिसके घर पर उतरता है हेलीकॉप्टर
जिनकी जागीर है मेट्रो

उसके बच्चे उतरे हैं
देखने
आम आदमी का सफ़र
मुम्बई की लोकल में

ईर्ष्या क्यों?
जलन क्यों?
बच्चे साँप के भी लगते हैं अच्छे

अभी अभी निकला हूँ स्टेशन से बाहर

हिम्मत नहीं हुई चढ़ने की देखकर
लोगों की गर्द
अचानक से याद आया टिकट पर लिखा
कह दिया—शुभ यात्रा

सबकी अपनी लोकल

मुम्बई में
हर आदमी के पास लोहे की
एक पटरी होती है
और एक लोकल

सवार होती हैं
आकांक्षाएँ,
स्वप्न
और अनगिनत चुनौतियाँ
जो ले जाती हैं उसे

विरार से बोरीवली तक
ट्रैक बदलती,
ऊर्जा धारा बदलती
हर स्टेशन पर रुकती है इतमिनान से

फिर कुछ की चल देती है तेज़
अब वे परवाह नहीं करते
गोरेगाँव
विले पार्ले और महालक्ष्मी का भी

और जिन्हें मिल जाता है
अपना चर्च गेट
वे कभी वापस विरार नहीं आते

क्या करें
उस भय का जो बसती है
मुम्बई की हड्डियों में

जेबकतरा

मालवानी की चाल में
एक महीने के
प्रशिक्षण के बाद निकला था
जेबकतरा
आज पहला दिन था उसका
बोहनी का दिन।

मुम्बई की लोक़ल में,
हर स्टेशन पर उतरना था
करना था फ़ोन
आदेश था उस्ताद का

दस दिनों तक सीखा था उसने
नाखून के भीतर ब्लेड घुसाना
दस दिनों तक सीखा
पानी से भरे बर्तन में कमल के पत्ते पर
इस तरह मारना ब्लेड कि पानी की बूँद
ब्लेड पर न पड़े और आख़िरी दस दिनों तक
अंग्रेजी के वी आकृति में जेब पर ब्लेड चलाना
ताकि आसानी से और हाथ में गिरे पर्स

मलाड में
फ़ोन कर उस्ताद को किया प्रणाम
कामयाबी की दुवा ली और सवार हो गया

पहले देखो समझो फिर आराम से लगाओ हाथ,
उस्ताद की नसीहत याद करने में ही
आ गया गोरेगाँव

दूसरी ट्रेन के आने के पहले
जब लगाया फ़ोन उस्ताद को
रह गया भौचक,

हाय राम, ये क्या हुआ
पैसा ही नहीं बचा था मोबाइल में एक भी
मलाड में उस्ताद से बात करने के बाद शेष थे
चौवन रुपये

किसने काट लिए
आते आते गोरेगाँव

भेल बेचने वाला छोकरा

बहुत नाराज़ है
अन्धेरी स्टेशन पर भेल बेचने वाला छोकरा
इनकार कर दिया हाकिम के सामने
नहीं चाहिए बेल

जेल भेजने के लिए थोड़े पकड़े जाते हैं
बिना टिकट के पेसेन्जर
और खोमचा लगाने वाले वेंडर
सरकार ने तय किया है सबका टारगेट

टीसी का ठीक है कि रोज़ मिल जाते हैं
नये नये पेसेन्जर, पकड़ा, वसूला
किसी ने दिखायी अकड़
तो पेश कर दिया मजिस्ट्रेट के आगे

क्या करे रेल पुलिस के जवान
कहाँ से ले आयें रोज़ नये नये वेंडर

साथ पकड़े गये
वेंडरों ने समझाया, नहीं माना
बूट पालिश करने वालों ने समझाया—नहीं माना
मजिस्ट्रेट ने कहा—चलो कम कर देते हैं फाइन,
नहीं माना
और अड़ा रहा कि जायेंगे जेल,
खायेंगे कुछ दिन मुफ़्त की

मुम्बई के हर स्टेशन पर
खोमचा लगाने वाले सारे के सारे वेंडर अवैध है,
पर रोज़ की खेती है रेल पुलिस की

हार कर
रेल पुलिस के उसी जवान ने
अपनी जेब से निकाला हरा पाँच सौ का नोट
और कहा कुछ और कम कर दीजिए सरकार,
मैं ही ले लेता हूँ
ससुरे का बेल
वरना सचमुच अन्दर हो जाएगा
जेल गया तो बिगड़ेगा नाम

पाँच लीटर वाला गैलन

जैसे ही गैलन डिब्बें मे आया
शुरू हो गयी खुसुर फुसुर

मुम्बई की लोकल में
मना है ले जाना गैस का सिलिण्डर,
स्टोव, केरोसिन और पेट्रोल और कोई भी
ज्वलनशील
चाहे वह ठोस हो चाहे तरल

फ़ोन कर देते हैं पुलिस को
किसी ने जब कहा तो मैंने पूछ लिया—
गैलन में क्या है भाई साहब
सबकी निगाहें टँग गयीं युवक पर

तैर गया युवक के भोले से चेहरे पर
बोध अपमान का
बहुत दिनों बाद मिला था
सीरियल में एक दिन का काम,
देर रात चलती रही सूटिंग
चला गया दोस्त के साथ उसके घर
चिकन खाया, बीयर पिया और गहराने लगा
नशा तो सो गया वहीं,

सुबह खुली नींद
तो दस बज गये थे...घर चला तो याद आया

पानी आकर चला गया होगा सुबह छह बजे ही
दोस्त के घर टंकी थी पाँच सौ लीटर वाली
सोचा ले लेते हैं इसी में से पाँच लीटर
शाम तक चला लेंगे काम
चेहरे पर तैर गये थे
लाज के लाल लाल डोरे और जब झुक गयी निगाह
बिन कहे डिब्बे में बढ़ गया युवक का मान

बेकार ही शक किया बेचारे पर
बेकार में किया अपमान
पर क्या करे
उस भय का जो बसती है
मुम्बई की हड्डियों में

एक ने प्यार से बुलाकर पास बिठाया
पूछा–कहाँ रहते हैं आप,
अच्छा मलाड, एकता नगर में,

सुनकर उछल पड़ा कोने में तीसरा
भाई साहब
बहुत अच्छा किया आपने,
फूट गयी है पाइप, सुबह से मचा है एकता नगर में
पानी के लिए हाहाकार,

क्या बताऊँ–
बाथरूम गया था मैं आज
बिस्लरी की बोतल लेकर

थैला

किसी ने ज़ोर से पूछा
यह किसका थैला है भाई

नहीं मिला कोई जवाब
तो ज़रा और ज़ोर से पूछा
ये किसका थैला है भाई

कई लोगों के
कई कई बार पूछने के बाद भी
नहीं मिला जवाब तो डिब्बे में जितने थे
सबकी नज़रें जाकर टिक गयीं
सीट के ऊपर लगे
केरियर में
आराम से पड़े थैले पर

थैला हो और किसी का न हो,
ये कैसे हो सकता है
काँप गये
सब के सब,

आँखों में तैर गयी
धमाकों की तस्वीर

लगा फिर होने को है

कोई अनहोनी, ख़त्म होने को है यह सफ़र
ज़िन्दगी का, जबरन की गयी चेन पुलिंग
नहीं रुकी लोकल
भय और गहरा हो गया

वहाँ जहाँ खड़ा होना कठिन था
खाली हो गयी आसपास पाँच फुट की जगह

गोहराए जाने लगे देव,
मानी जाने लगी मन्नतें
घरघराने लगे फ़ोन,

अगले स्टेशन पर आयेगी पुलिस,
आयेंगे खोजी कुते, बम निरोधी दस्ते
और कहीं
उसके पहले कुछ हो गया तो

घटनाएँ होकर गुज़र जाती हैं
साथ नहीं छोड़तीं उसकी
परछाइयाँ
अच्छा हुआ कि
सुनाई पड़ गया यह सन्नाटा
गेट पर हवा खा रहे, कान में इयर फ़ोन लगा
इतमिनान से गाना सुन रहे युवक को

ज्योंही कहा मेरा है
बदल गया मंजर, होड़ लग गयी
सीट लूटने की, शुरू हो गये झगड़े
वो सीट मेरी है मैं तो वहाँ बैठा था

लोकल के डिब्बे में सेमिनार

मुम्बई में जब समाप्त हो गयी
कहीं भी जगह मिलने की उम्मीद तो
लोकल ट्रेन के डिब्बे में रखा गया
सेमिनार

पहली नज़र में बेतुका लगा
मगर जैसे जैसे बीतता गया समय
महसूस किया
कि हाथ लगा है कितना सही
और कितना बड़ा विचार

कोई चन्दा नहीं
बीस लोग लेंगे विरार से चर्च गेट का
अपना टिकट
हर आदमी पाँच पाँच मिनट में रखेगा
अपनी बात, समझाएगा कि कितना ख़तरनाक है
देश के लिए यह भ्रष्टाचार

नीयत समय पर मिले
जाकर बैठे
नज़र गयी लोकल में बैठे आदमी के
हाथ में पड़े अख़बार पर, कान गया बात पर

अख़बार में छपा था विदेशी कम्पनी से

नयी आने वाली लोकल के डिब्बों की ख़रीद में
तीन हज़ार करोड़ का घोटाला, ज़ारी थी बहस

डिब्बे किस दर पर जाते हैं
किन किन देशों में, किस दर पर ख़रीद कर मँगाये जाते हैं
किन किन देशों से, किसको कैसे मिलता है कमीशन
आँकड़े तो जैसे हवा में तैरते आते थे
और कर देते थे भौचक

वक्ता बन कर निकले थे
श्रोता बन कर बैठे थे
मुम्बई की लोकल में
भ्रष्टाचार पर ज़ारी थी बहस
भ्रष्टाचार पर ज़ारी था सेमिनार

डेली पैसेन्जर

भीड़ भरे स्टेशन पर
जब तय हो गया कि नहीं चढ़ पायेंगे
तो फूटी अकल जेब से निकाला पाँच सौ का नोट
और चिल्लाकर कहा ज़रूरी है जाना,
चढ़ा लो
बदले में ले लो
और घूम घूम कर कहता रहा

पहले गेट पर सुना सबने
दूसरे और तीसरे पर नहीं की किसी ने परवाह
चौथे गेट पर बढ़ा एक हाथ
दबा कर बनायी जगह
रह गये सब भौचक

आरक्षण में चलता है ज़ोर पैसों का
लम्बी दूरी की ट्रेन के अनारक्षित डिब्बों में
कुली और सिपाही बेचते हैं सीट
क्या वही हाल हो जायेगा
मुम्बई की लोकल का भी

पाँच दबंग
जाम कर देंगे गेट, आँख तरेर कहेंगे जगह नहीं है
और उसे ही घुसने देंगे जो...
और इस शहर में मुसीबत के मारे मिल ही जायेंगे

सौ पचास लोग रोज़
अगर ऐसा हुआ तो ?

प्रश्न ज़रूरी था?

हर स्टेशन पर ट्रेन रुकती रही...
चलती रही
हर एक यात्री के मन में गूँजती रही सीटी
चलता रहा विचार, पसरा रहा भय
कि आ गया दहिसर

उतरने को तत्पर हुआ यात्री
जिसने लागू किया था चलन
वह युवक भी उतरा, जेब से निकाला वही हरा नोट,
भाई साहब रखिए
ठूँस दिया जेब में जबरन
कभी मुलाकात हो तो कुछ खिला दीजिएगा

डेली पैसेन्जर हैं हम
मुसीबत वालों को आँख से पहचानते हैं।

जांबाज

नाक में साँस
चढ़ने और उतरने के बीच
ज़रा सी रुकती है

दो शब्दों के बीच
अभिव्यक्ति की उठान के लिए
रुकती है भाषा

पलकों के झपकने के बीच
आँखों में रुकते हैं मंजर

मुम्बई की लोकल
रुकती ही नहीं

जांबाज रुकते रुकते उतर जाते हैं,
चढ़ते रहते हैं चलने के बाद भी

किसी भी स्टेशन पर उतर कर
शर्त लगाकर
बीस रुपये के नोट से, वडा पाव
और पानी की बोतल

खरीद के बाद वापस किया गया
एक रुपये का सिक्का दिखा देंगे

पता चला
नहीं जायेगी एक चालीस की लास्ट
ज़रा सी टेढ़ी की स्टेशन मास्टर की नाक
और चल पड़ी

और उस दिन
साक्षी हूँ
6:30 पर हुआ था बम विस्फोट
6:45 तक पहुँचे पत्रकार 6:50 तक पहुँच गयी पुलिस,
और 7 बजे आला अधिकारी

सब के सब
भरे थे तनाव से जैसे चूल्हे पर
डभक रहा हो अदहन, पक रहा हो गुस्सा

घायल पड़ा कराह रहा था
लोहे का एक डिब्बा,

रेल की पटरियों पर,
गिट्टियों पर
गिरा ताज़ा था ख़ून,
जगह जगह लोथड़े पड़े थे मांस के
एक हाथ था कट कर गिरा हुआ

बम विस्फोट में
माटूंगा स्टेशन पर
25 लोगों के मरने की ख़बर थी
और उससे अधिक घायल होने की

न तो एक भी घायल था
न मृतक,
पत्रकारों को ज़रूरी था

भेजना समाचार
पुलिस को करनी थी तहकीकात
मगर हिम्मत न थी कुछ पूछने की

अच्छा हुआ
कि दौड़ता हुआ आया एक
कहा—घायलों को ज़रूरत है ख़ून की
तो पता चला अस्पताल का नाम
जाते जाते उठा लिया था किसी ने वह कटा हाथ भी
क्या पता उसे भी जोड़ दे कोई डॉक्टर

टक्कर

जाँचकर्ता
तुम नहीं जान पाओगे
अंबुजवाणी की आग

सुनो,
जैसी लोकल मुम्बई की
वैसी अंबुजवाणी

एक ढो कर ले जाती,
दूसरी थपकी देकर सुलाती
बहनापे का रिश्ता निभाते थे दोनों
चैन नहीं एक का दूजे के बिन

खारे पानी में
औरतों के हथेलियों की फेन से
चिकनी हुई है सड़क और बना है रास्ता
अंबुजवाणी का

नये दागी असफल
और आसमान से टूट कर गिरे
लोगों की अनकही दास्तान है
अंबुजवाणी

क़ब्र पर उगी घास को
सूखने से बचाती है चिड़ियों की आवाज़

और अंबुजवाणी को बचाते हैं
अनकहे दुख

छप्पर पर बारिश का कहर
पुलिस के छापों का कहर
और कहर के जाने कितने कहर

अंबुजवाणी
फिर भी अंबुजवाणी है
उतनी ही रंगीन, उतनी ही ख़ुशमिजाज़
जैसी लोकल, किसी को ना नहीं कहा आज तक
इतनी हसीन

पत्थर को
पानी से समझाने की कला
पत्थर का बीज उगाने की कला
सिर्फ़ अंबुजवाणी जानती है

पानी नहीं,
बिजली नहीं,
सड़क नहीं

कुछ नहीं
कुछ नहीं

कुछ कुछ

सब कुछ
सब कुछ
झूम उठा जीवन,
खिलने लगे सपने

बढ़ने लगा प्रेम, गूँज उठे
गीतों के बोल

और एक दिन नज़र पड़ गयी
आसमान को छू लेने वाली अट्टालिकाओं के सपने की
इधर जलते भागते लोगों की सुनाई पड़ी चीख
सामने दिख गयी राजधानी

ग़ुस्से में कहा
सुन बे चोट्टिन,
पकड़ा केश और खींच दिया ज़मीन पर

जाँच कर्ता
क्या जाँच करेंगे
यही न कि हर चार केबिन के बाद जो आता है
कंट्रोल केबिन, वहाँ से मिला होगा गलत निर्देश
या सिगनल की अनदेखी की होगी
मोटर मैन ने या...

दो पटरी पर चलती है लोकल
एक पटरी पर कैसे करोगे जाँच
टक्कर की।

लोकल के डिब्बे में शव

और इस बार जब मिला
लोकल के डिब्बे में शव, मच गया हाहाकार

तीन महीनों में बारहवीं घटना थी
तोड़ दी लोगों ने चुप्पी, फुफकारने लगे अख़बार
लोकल से होते विधानसभा तक
गूँज गयी यह आवाज़

सक्रिय हुई पुलिस
तलाश में चला अभियान
शव का फोटो चिपकाया हर स्टेशन पर
और आख़िर में बिहार जाकर पकड़ कर ले आयी
पुलिस उसे
जो सगा भाई था मृतक का
और शुरू हुई पूछताछ

कूँथ कर काँथ कर
पीट कर, पाट कर
प्यार से पुचकार कर पूछे गये सवाल,
धन के प्यार के और हो सकते थे जितने भी कारण
आपसी तकरार के पूछे गये बार बार

मगर हर बार आया
एक ही जवाब

यही कहते थे घटना के सारे गवाह
दोनों भाई करते थे नौकरी, सिक्यूरिटी कम्पनी में
ड्यूटी थी बारह घण्टे की, कम था वेतन
छोटे को हुआ बुखार, लगा ठीक हो जायेगा यूँ ही
नहीं हुआ तो बड़े ने दुकान से लाकर दी टिकिया
बेअसर हुई तो दिखाया बड़े डॉक्टर से
हुई ख़ून की जाँच, खर्च हो गयी दोनों की तनख़्वाह
और मर गया उसी रात

शव को गाँव ले जाने की बात दूर थी
नहीं मिले पैसे कि कर सके शवदाह और लाकर
छोड़ गया
उसे मालूम था कि विधान के साथ करती है लोकल
अपने मृतकों का अन्तिम संस्कार,
कसूर तो बस इतना ही था

इतना ही वक़्त

खिड़की पर बैठा
देख रहा था बाहर
मन में चल रहा था जाने कौन सा विचार
कि झटके से रुक गयी लोकल

सिग्नल हरा हो और रुक जाये ट्रेन
ऐसा तो कभी हुआ ही नहीं
लोकल झटका नहीं देती

कुछ लोग उतर कर जाते दिखे
पीछे की ओर कुछ आगे की ओर आ रहे थे
कुछ भीड़ की तरह खड़े थे
पता चला
कोई कट गया है

पटरी के बाहर
पैरों में कसी हुई काले रंग की चप्पल
नीले रंग की जिन्स बस घुटनों तक
और जिस्म का बाकी
हिस्सा पटरी के बीच
जाने किस हाल में होगा आकर बैठ गया मैं

कहीं नहीं थी मृतक के प्रति संवेदना
किसी ने नहीं की कोशिश यह जानने की

कौन था वह युवक, की आत्महत्या
या गलती से आ गया था चपेट में
सबको याद आ रहा था अपना काम

कितनी देर रुकेगी यहाँ लोकल
क्या है इसका नियम

नियम है
जब तक पटरी पर रहेगा शव
नहीं चलेगी लोकल,

इतना ही वक़्त
रुकती है ज़िन्दगी, घरों में भी,
यह तो घर का ही नियम है।

ईश्वर

ईश्वर को भी नया जन्म मिलता है
मुम्बई की लोकल में

शाम पाँच बजे के बाद
विरार जाने वाली लगभग
हर ट्रेन के
हर डिब्बे में लोगों की तरह
धक्का मुक्की करता प्रवेश करता है ईश्वर
और चुपचाप बैठ जाता है किसी के बैग पर
उसका स्वागत करती है गायन मण्डली

जल नहीं, चन्दन नहीं
अक्षत नहीं, फूल नहीं, मन्त्र नहीं
तस्वीर के सामने बैग पर प्रसाद
ख़ुशी से चढ़ा देते हैं कुछ लोग पैसे भी
जो आयेगा अगले दिन काम

शुरू होता है भजन का दौर
कोई झाँझ बजाता है कोई करताल
कोई पीटता है लोकल की दीवार, सबसे अधिक लोग
तालियों से चलाते हैं काम, कभी साईं बाबा, कभी भोले नाथ
कभी बजरंग बली और लगभग हर देवता की
भोजपुरी से मराठी तक की तान में लगाते है गुहार
हो जाते हैं इस तरह तल्लीन
कि पता भी नहीं चलता कब आ गया बोरीवली

बोरीवली के बाद
मन में हो कुछ चाहत तो
मन्नतें मानते हैं, मसलन हो जाय बॉस का ट्रान्सफर
तो महीना भर लायेंगे प्रसाद, मेल हो जाय बीवी से तो कल का
करते हैं जयकारा और बाकायदा विसर्जन करते हैं,
बाँटते हैं प्रसाद पूरे डिब्बे के बीच

पट जाय साथ काम करने वाली वनलता सेन
तो बजाने का नया साज़ खरीदेंगे
कह कर जब हँसते हैं
तो ईश्वर भी हँसता है उनके संग संग

मुम्बई की इस आपाधापी में
कहाँ सम्भव हो पाता है रोज़ सुबह
मन्दिर जाना
ऐसे में बिना नहाये,
खाकर भी,
ख़याल किये बिना
शुचिता और पवित्रता के भय की,
की जा सकती है आराधना इजाज़त देता है ईश्वर
और नया जन्म लेता है मुम्बई की लोकल में

अभिशप्त

ऐसा तो कभी नहीं हुआ
कि लौह जंज़ीरों ने
जकड़ लिए हों लोकल के पाँव
और भूल गयी हो चलना

परेशान है यात्री,
परेशान है सबसे मोटर मैन,

सब कुछ ठीक है
हरा है सिग्नल,
चलती क्यों नहीं आज लोकल

महीना दिन पहले हुई थी घोषणा
आज के तारीख की,
वैतरणा शेफ़ाले
पालघर से
बोईसर और दहाणु रोड तक जायेगी लोकल
और लोकल है कि चलती ही नहीं

वैतरणा
शेफ़ाले
पालघर

बेदखल होंगे ज़मीन से भूमिधर

नदियाँ भरी जायेंगी ,
मिटाई जाएँगी स्मृतियाँ

नहीं दिखेंगी
खेतों में धान और गेहूँ की बालियाँ
दूध और अख़बार पहुँचायेंगी
आटो चलायेंगी
खेत में काम करने वालों की पीढ़ियाँ

ऐसा तो कभी नहीं हुआ
एक साथ इतने सारे लोग
विकास के विरोध में खड़े हों
पटरी पर
साथ साथ

बस नम्बर ही

जैसे चलते चलते
समय काटने की गरज़ से पूछ लेता है कोई
नाम, पता पूछ लिया मैंने
लोकल
तुम्हें पता है कितने स्टेशन हैं
चर्च गेट से विरार के बीच

प्रसिद्ध है किस स्टेशन की
कौन सी चीज़
कहाँ से कितना दूर है दरिया

चुप रही तो लगा
कुछ गलत तो नहीं पूछ लिया,
कह तो न दी, कोई लगने वाली बात,

लाइन के किनारे
खम्भों से अनुमान करती हूँ दूरी का,
एक किलोमीटर में 15 खम्बे
देखो खम्भे पर लिखा 25/13
यानी 25 किलोमीटर का 13 वाँ खम्भा
बस ये है मेरी मुम्बई
जैसे चलते चलते
समय काटने की गरज़ से पूछ लेता है कोई
नाम, पता पूछ लिया था मैंने, सुनकर लगा
जैसे मेरा पता बता रही हो
सुना रही हो मुझसे मेरा हाल

घर

लोकल की दीवार पर चिपका है पोस्टर
देख रहा है साठ साल का हर मुम्बईकर

पीछे पहाड़
आगे नदी के कछार सी सड़क
एक कार खड़ी, बाहर निकल रही
ऊँचे सैंडल और नंगी टाँगों वाली युवती
सब कुछ सबसे ख़ूबसूरत,

नीचे लिखा पढ़ रहा है
सपनों का घर
लोन की सुविधा भी है जल्दी कीजिए
वरना चूक जायेंगे अवसर,

देखा था पोस्टर की आँख में
घर का स्वप्न पच्चीस साल पहले
नोच कर खाया बिल्डर ने
छिलका उतार कर खाया सरकार ने
और आज तक चूस चूस कर खा रहे हैं बैंक
सरकार, बैंक और बिल्डर की साजिश है घर

ज़मीन के ऊपर स्वप्न में है मुम्बई,
ज़मीन पर साजिश में, और ज़मीन के नीचे कर्ज़ में
जो नहीं लिखा पोस्टर पर, पढ़ लेता है
साठ साल का मुम्बईकर

लोकल एक पेड़ है

ये कौन है
जो रेल क़ी पटरी की बगल में
खम्भों पर चढ़कर खड़े हैं
नंग धड़ंग

पता चल जायेगा
जब आयेगी लोकल

और दूर से
आती दिख गयी लोकल
साँस रोक कर खड़े हो गये हम
जाने कहाँ से डण्डा आ गया
उनके हाथ

और भाई साहब
जैसे पानी में छिपी मछली पर
झपट्टा मारती हैं बत्तखें,
लोकल के गेट पर मारा डण्डा

लेकिन हुआ क्या
कुछ भी तो नहीं
इसका पता चलेगा
जब चली जायेगी यह लोकल

और जब चली गयी नीचे उतरे
इतमिनान से पहना कपड़ा
और खोजने लगे
पटरी के आसपास कुछ, जैसे खोजते हैं
पेड़ से गिरे हुए फल

जाने कहाँ से
आकर साथ उनके खोज में शामिल हो गया
एक पुलिस वाला भी और जब मिल गये
दो मोबाइल के सेट,
एक पर्स जिसमें रुपये थे

लोकल भी एक पेड़ है
जो फल देती है डण्डा मारने पर
मुम्बई से दिल्ली तक

नसीब

कूक कोयल सी
और रूप जैसे लाल भट्ठे का दुमुहा साँप
टिकट कूपन मासिक और त्रैमासिक पास
ऊपर से ए टी वी एम कार्ड,

दोनों हाथ बटोरती है माल
एक दिन न चले तो रुक जाती है
मुम्बई
सब कहते हैं कि भाग्य हो तो
मुम्बई की लोकल जैसा

महज़ तीन डिब्बों
और एक कोयला खाने वाले
इंजन से हुई थी शुरुआत

डिब्बे
तीन से छह हुए, छह से नौ
और नौ से बारह

कोयला से डीजल हुई,
डीजल से डी सी

और आज चलकर देखिए
अजगर की तरह

पूरे के पूरे पन्द्रह डिब्बे
और हर तीन डिब्बों के बीच फुफकारता हुआ
ए सी इंजन
चुनौती दे सकता है किसी को भी
अपने छह मोटर के बल

मगर यह तो
बस लोकल ही जानती है कि
कैसे गुज़रता है उसका दिन
और क्यों नसीब नहीं होती
रात में भी
दो घण्टों की नींद।

लतरवाली

लानत है
लानत है बारह डिब्बों की देह पर

लानत है
इस लम्बी चौड़ी दुनिया पर
जहाँ नहीं मिल सके
एक ज़रूरत मन्द को जगह
और ठस्स भरे हों मौक़ा परस्त

मन मार रेंगने को हुई तत्पर
कि हुआ चमत्कार
पिछले दरवाज़े पर खड़े एक ने खींच लिया
आदमी का हाथ,

अरे भाई साहब,
ऐसा ही फ़ोन आया था, जिस दिन
मेरी पत्नी मरी थी और खड़ा होने की
बना दी जगह
सूखा होंठ देखा
तो पूछ लिया पानी के लिए भी

खुल गये सारे बन्ध
ख़ुशी से नाच उठे पहिए, गाने लगा इंजन,
और झूम कर समुद्र की हवा से होड़ लेती
चल पड़ी लोकल, लगा जैसे भतिया से भर गयी हो
लोहे की लतरवाली देह

पाँव

लोकल की ठस्स भीड़ में ज़रा सा
ऊपर उठ गया बायाँ पाँव,
नीचे आया
तो ग़ायब थी ज़मीन

बोलते क्यों नहीं साफ़ साफ़
पत्नी ने पति का चेहरा देखा
जो उतरा हुआ था

वही हुआ
जिसका डर था
गिड़गिड़ाया,
हवाला दिया बाल बच्चों का
तीन दिन बाद बुलाया है,
देखो क्या कहता है, देखो

मुम्बई की लड़की का
मुम्बई की नौकरी का
कोई भरोसा नहीं, भरोसा है
लोकल के लोहे का

उपर उठा पाँव
नीचे आ गया था कल
तीन स्टेशन बाद

कुम्भ स्नान

बोले पटेल जी
विरार से खुलने वाली
पहली लोकल से कभी मत जाना आप
भले बिगड़ जाय बना हुआ काम

शाम को खा पीकर आते हैं
दूरदराज के किसान
आख़िरी लोकल के तयशुदा डिब्बे में सो जाते हैं
चिल्लाते रहिए नहीं खोलेंगे दरवाज़ा
पुलिस का भी ज़ोर नहीं चलता उन पर

और कहीं खोल दिया तो
डिब्बे में खड़ा नहीं हो सकते आप,
दूध, मछली, केला, सब्ज़ी
और...और...
आदमी के पसीने
और जाने कैसी कैसी गन्ध,

कुछ उतरेंगे बोरीवली
कुछ अन्धेरी
कुछ बान्द्रा
और दादर आते आते
जब उतर जायेंगे सब के सब
तब होगी मुम्बई में सुबह

कह रहे थे मुझसे पटेल जी
भले बिगड़ जाय
बना हुआ काम
पर विरार से खुलने वाली
पहली दूसरी और तीसरी लोकल से
मत जाना आप
और सोच रहा था मैं
कि मुम्बई आने के बाद छूट गयी गंगा
छूट गया जो कार्तिक का स्नान
आज की लोकल में ही होगा

कहाँ मिलेंगी इतनी सारी नदियाँ
एक साथ
कहाँ मिलेगा ऐसा कुम्भ स्नान

भरोसा

नदियाँ दौड़ती हुई जाती हैं
और अपना सारा जल
समुद्र को देकर
हो जाती हैं निश्चिन्त

मुम्बई के आटो टैक्सी और बस
अपनी सारी सवारियाँ लाकर दे देते हैं
लोकल को
और लेते हैं चैन की साँस

सवारियों को उनके गन्तव्य तक
सही समय पर पहुँचायेगी और वही लेकर आयेगी
उनके लिए नयी सवारी

नाक ऊँचा कर घूमने वाली ट्रेनें
अपनी ठसक में कुछ नहीं कहतीं, कुछ नहीं कहते
हवा की पीठ पर पाँव रोप उड़ने वाले विमान
मगर राह देखते हैं
मुम्बई की लोकल का।

तो क्या हुआ

जीआरपी के जवान कह रहे थे
हम रेलवे में डोम का काम भी करते हैं, कोई कट गया तो
उठाने से श्राद्ध तक करते हैं, हम चोर के पीछे भागते हैं
किसी से दु
चार सौ ले लिए
तो क्या हो गया

आरपीएफ का जवान कह रहा था
हम रखवार हैं रेल के, रेल गर्व करती है हम पर
काश्मीर से कन्याकुमारी तक किसके बल घूमती है बेखौफ़
किसी से दु चार सौ ले लिए
तो क्या हो गया

टी टी कह रहा था
हम तो रेल का डूबा हुआ पैसा बचाते हैं
कलेवा करते हैं बिना टिकट वालों का
किसी से दु चार सौ ले लिए
तो क्या हो गया

बुकिंग क्लर्क कह रहा था
कि हम तो रेलवे का नहीं खाते
छुट्टे का खेल खेलते हैं, दु चार सौ आ गये
तो सबकी आँख लगती है
स्टेशन मास्टर कह रहा था

कि मान गया आपकी बात दस कप चाय मँगवाता हूँ
तो स्टाल वाला पैसा नहीं माँगता, पेपर फ्री में घर पहुँच जाता है
बूट वाला आकर पालिश कर जाता है और दो पैसा कमाते हैं
तो स्टेशन की सफाई का ठेका है
वह भी अब खुला है दस का काम पाँच से करवाते हैं
पाँच की हाजरी खाते हैं

जीआरपी और आरपीएफ के जवान
टी टी बुकिंग क्लर्क और स्टेशन मास्टर
नज़र ज़रा गड़ा कर देखें, हर जगह मिल जायेंगे
हर बात पर तो क्या हुआ कहने वाले

अपराध अपने तर्क रच रहा है
बाज़ार अपनी शर्त रच रहा है
पाप पुण्य की जगह ले रहा है
ज़रा कहिए
तो क्या हुआ

गैंग मैन

चेन पुलिंग करने पर
नहीं रुकती लोकल

कभी लाल नहीं होता
लोकल का सिग्नल

पहले होती थी
दो स्टेशन के बीच, अब होती है
दो सिग्नल के बीच

मुम्बई की लोकल के बहुत अनकहे दुख हैं
जो गैंग मैन जानता है, हो सकता है
आप नहीं जानते हों
गैंग मैन को

गैंग मैन
अरे वही जो रोज़ बीस किलो वज़न उठा
बीस किलोमीटर चलता है पटरी के संग
एक एक नट बोल्ट को देखता
शंकित भयभीत
और चौकस

पसीने से लथपथ
कन्धों पर

सावधान की मुद्रा में होते हैं उसके
सब्बल पाटी पंजा शैवाली और बीट
जैसे नज़र भी डाल दे तो उड़ कर
आ जायेंगे हाथ

पल भर में
तीन सौ साठ किलो भारी स्लैब हटा
छनाई कर उसकी तलों में डालता है खरी
पैकिंग करता है, यह तो सिर्फ़
गैंग मैन ही जानता है
कि लोकल
कहाँ से लेती है साँस

एक मज़ेदार बात बताऊँ
चेन पुलिंग करने पर कभी नहीं रुकती जो लोकल
लाल नहीं होता कभी जिसका सिग्नल
रुक जाती है गैंग मैन को पटरी पर देख
निहारती है एकटक
अपलक

पता नहीं इसमें कितना है सच
कितना अफ़वाह
पर सब यहीं कहते हैं—
लोकल गैंग मैन से प्यार करती है

गणपति बप्पा

पहले गणपति बप्पा आये
उनके पीछे आयी भीड़
डमा डम बज रहे थे नगाड़े,
चल रहा था वडा पाव का भोज

लिंक रोड,
एस बी रोड
और हाई वे
मुम्बई का भीड़ के मारे बुरा था हाल,
दोनों ओर बनी थी लम्बी कतार
बसें बन्द हो गयी थीं, सरपट भागने वाले
वाहन सरक रहे थे
जैसे ज़ख़्मी हों पाँव

नसीब लोकल का
आये गणपति
पार किया लोहे का ब्रिज, धूल मिली चरणों की
तो मन हुआ कि समा जाय मुम्बई की धरती में
भीड़ भरी हर सड़क, जगर मगर शोर और उत्सव को उठा ले
अपनी पीठ पर यूँ ही चलती रहे
अनन्त काल तक

स्टेशन आ गया
और जब उतरने लगे गणपति तो
भीड़ में चल पड़े तो चिल्ला कर कहा
ओ गणपति बप्पा,
अगली बार भी लोकल से ही आना

कवि ने बेच दी मुम्बई की लोकल

अरे भाई सुनो?

क्या हुआ?

एक कवि ने बेच दी
मुम्बई की लोकल

कोई डिब्बा बेच रहा था कोई इंजन
कोई सिग्नल बेच रहा था कोई टिकट
सिपाही क़ानून और
टी टी फाइन बेच रहे थे

डिब्बा, इंजन, सिग्नल, टिकट
सिपाही और टी टी समेत
एक कवि ने बेच दी मुम्बई की लोकल

कवि ने बेच दी और
खरीद भी ली
जहाँ जाओ बस यहीं चर्चा

कहाँ मिलेगा इतना बड़ा व्यवसाय
देखा कवि ने
और बेच दी मुम्बई की लोकल
पास आया तो देखा प्यार

बस खरीद ली
और रख दी पटरी पर जस की तस।

मुम्बई की लोकल कवि की हुई
कवि हुआ मुम्बई की लोकल का
कथा गयी बन में
सोचो अपने मन में

नन्ही चप्पल

नमक के खेतों के पार
भायन्दर के यार्ड की थी
रुपहली रात
खाड़ी से लहराती आती हवाओं का उल्लास
झाँक झाँक लोकल के डिब्बों में
देख रहा था चाँद

दिन भर खटती रही
आयी बारह बीस पर यार्ड में
सुबह निकलना होगा उसे चार पचास में
ज्यों ही करने चली आराम, थकान के बाद की
गाढ़ी नींद का ज्योंही आया स्वाद, दिख गयी
एक पाँव की नन्ही सी चप्पल
महिला डिब्बे में

आँखों में नाच गया
पाँच साल नन्ही बच्ची का चेहरा, आज ही खरीदा था
मम्मी पापा ने जाकर, चली भी थी डिब्बे में तीन-चार क़दम
बजता था चों चों हँसती थी ताली पीट
लगा अब ज़रूर होगी उदास, क्या पता रो रही हो अब तक
और उचट गयी आँखों से नींद

झाँक झाँक देखता रहा चाँद
झाँक झाँक देखती रही हवा
एक पाँव की नन्ही चप्पल
लिए गोद में, अभी अभी सोयी है लोकल

यह मुम्बई है मेरी जान
यथार्थ के पत्थर
सुहागरात भी नहीं मनाने देते

हवा का झोंका

स्टेशन पर
भीड़ से भरे
कम्पार्टमेंट के गेट पर
हवा का एक झोंका

अन्दर आने के लिए
अपनी सारी ताकत झोंक दिया
और हार कर लौट गया
वापस

और मेरे संग
चुपचाप खड़ा रहा प्लेटफ़ार्म पर
अगली लोकल के इन्तज़ार में

बारिश

हवा में उमस थी
और अपनी गति से जा रही थी लोकल
डिब्बों में भीड़ बहुत अधिक नहीं थी
तो कम भी नहीं थी

कुछ लोग पढ़ रहे थे अख़बार
कुछ सुन रहे थे गाना
कुछ लोग दरवाज़े पर खड़े
मज़ा ले रहे थे बाहर की बयार का

एकाएक जाने क्या हुआ, बिजली कड़की
काला हो गया आसमान और मेघों ने घेर लिया
लोकल को
बीच राह सरेआम

न तो बन्द हुईं खिड़कियाँ
न दरवाज़े
न मची कहीं भगदड़

हवा में पीछे की ओर झुककर
जैसे मेघों का
स्वागत करती हैं ज्वार और बाजरा की डिभियाँ
स्वागत किया लोगों ने बाँहें लहरा कर
मौसम की पहली बारिश का

नम हो गयी हवा
लोकल और मेघों के बीच
चलते चलते चलती रही बतकही
जाने कहाँ कहाँ की, समुद्र की हवा की,
ऊँचे आसमान की
दुनिया की जहान की

और जब लोकल ने प्यार से
मेघों को झिड़क कर कहा
कितना बदल गया है तू,
भूल गया
समय पर आना भी
चुप रह गये मेघ

अब क्या बताये
रात दिन एक पटरी पर चलने वाली
इस लोकल को
कि क्यों देर हुई आने में
किसने रोका था उनका रास्ता

समुद्र की लहरें आयेंगी

पानी ने पानी पानी कर दिया है
मुम्बई को
चौबीस घण्टों से हो रही है बारिश
उफान पर है मीठी नदी,

किसी को पता नहीं चला
कब पार कर गयी
मीठी नदी
ख़तरे का निशान

कुछ लोग रास्तों में फँसे हैं
कुछ लोग निकल ही नहीं पाये
दफ़्तर से
चारों ओर घरघरा रहे हैं फ़ोन
ले रहे हैं आत्मीय जन
एक दूसरे का हाल

किंग सर्कल, सिओन
अन्धेरी मिलान
और कुर्ला सहित हर जगह
पटरी पर खड़ी है लोकल
मन मुदित और पुलकित

भीगा भीगा है
लोकल का मन
उसे मालूम है कि समुद्र की लहरें
आज ज़रूर आयेंगी उससे मिलने

कौवे की मौत पर

जाने कहाँ से एक कौवा उड़ता हुआ आया
और जा टकराया
बिजली के नंगे तार से

दोनों हाथ हवा में उठाकर
रे...रे...
अरे अरे करती,
कौवे को रोकने की कोशिश में
रुक गयी लोकल
जाने कहाँ गुम हो गये बोल

टूटे तार से फूट कर निकली
गुस्से से भरी बिजली की लुतियाँ
हवा में पसर गयी
पंख
चमड़ी
और रक्त की मिली जुली गन्ध
पल भर में इस तरह झुलसा दिया उसे
जैसे जंगल की आग में गिरा हो उड़ता हुआ

चीख रही थी
सामने की हरी सिगनल
आगे बढ़ो लोकल और उसे तो
मार गया था भक

कौवा,
जलने के बाद
लटक रहा था बिजली के खम्भे से बेजान
इस तरह खुली थी उसकी चोंच
जैसे कुछ ना चाहता था
जलते हुए भी

ज़ोर ज़ोर से चीख रही थी
सामने की हरी सिगनल
जल्दी करो लोकल, हर स्टेशन पर रुकी है
जाने कितनी लोकलें और जाने कितने लोग
मुम्बई तो नहीं रुक सकती न
एक कौवे की मौत पर

कौवे की मौत का
क्या मातम मनाये लोकल
जब रोज़ मरते हों आठ से दस लोग
गिरकर, कटकर, झुलसकर

उसकी निगाहें टिकी थीं
डी सी से ए सी हुए
पच्चीस हज़ार बोल्ट के हत्यारे तार पर
जिसके नीचे से कल बारिश में गुज़रते
छाते में करेंट आ गया था और
लाल टोपी पहने एक बच्चे के संग झुलस गयी थी
एक औरत।

सुहागरात

गाना गाकर
बान्द्रा यार्ड के बिल में रहने वाले चूहे ने
सपने दिखा झोपड़ पट्टी की चुहिया को पटाया
विधिवत किया ब्याह और साथ चले
हाथों में हाथ डाल

बान्द्रा यार्ड का देखकर विस्तार
दंग रह गयी चुहिया
सामने खड़ी नयी लोकल देख पूछा
तुमने मेरे लिए बनाया, इतना बड़ा बिल

बनाया नहीं रे,
आयी है स्विट्ज़रलैंड से
देख कैसी सजी है सुहाग की अपनी सेज
चुहिया ने जी भर देखा
और ख़ुश हो
चूहे की गर्दन से लटक गयी

अभी शुरू भी नहीं हुआ
उनका प्रेमालाप
कि धम से गिरा डिब्बे में कुछ

फिर गिरा,
फिर गिरा,
और गिरता रहा देर तक

क्यों बरस रहे हैं
इतने बड़े और बेडौल पत्थर
क्या बिल नहीं चुकाया इसका।

कैसे बताये चूहा,
एक की जगह कैसे
सवार होंगे ग्यारह लोग, जाँचने के लिए वज़न
कई दिनों तक लादकर पत्थर और ईंट,
रात के अँधेरे में ले जायेंगे, हर दिन कुछ जोड़ेंगे,
कुछ घटायेंगे
तब बनेगी यह लोकल मुम्बई की
और तू चुहिया, इस चूहे की

यह मुम्बई है मेरी जान,
यथार्थ के पत्थर
सुहागरात भी नहीं मनाने देते

ज़हर
जब आर्त्त होकर चिल्लाता है
अमृत बन जाता है

मुम्बई की लोकल

गोरों के गाँव से
पानी के पाँव से
चली बिटिया विज्ञान की

चेहरे पर नूर था
आँखों में जिज्ञासा थी
जिस्म के पोर पोर में भरा था गर्व
बाज़ार की मल्लिका और उस सत्ता की
चहेती होने का जिसके साम्राज्य में
सूरज कभी डूबता ही नहीं था

समुद्र की
अथाह जल राशि के बीच
जाने क्या हुआ कि रक्तिम हो उठी जीभ
जाने क्या हुआ कि बवंडर सा गोल गोल
घूमने लगा क्षितिज
बुझाये न बुझी पानी से प्यास

बुझ गया मन
पता चला
बनायी जा चुकी है विषकन्या

समझ गयी बाजीगर तो विष है
समझ गयी साधन बन गयी

यात्रा स्वप्न की
यथार्थ पर उतरी

हेप्टेनेशिया के पाषाण कालीन तट
गेटवे आफ इंडिया के
बन्दरगाह से
ठाणे तक लोहे की सीढ़ी की तरह
बिछने लगा उसका राज मार्ग
उधर सड़क पर खड़ा हो चिल्लाने लगे लोग
ये श्मशान ले जाने वाली सीढ़ियाँ हैं

उसका दमकता हुआ चेहरा
विरोध की जलती मशालों से झुलस गया
उसके जिस्म का पोर पोर धिक्कार के छींटों से भर गया

चढ़ा गुस्सा
भाड़ में गयी विकास की बेटी,
सत्ता की चहेती, विज्ञान के
धरती पर उतरने की भाषा

रक्त में गुस्से की चिनगारी उठी
चक्कर लगाने लगी देह में
तेज़ तेज़ बिजली के तरंगों सी,
गरम हो उठीं शिराएँ

कलेजे पर जमा
ज़हर पिघला, अपमान के ज़हर से मिला
और उड़ चला जैसे आमन्त्रण हो
प्रलय का

मचा हाहाकार
आये धर्मगुरु

क्या मिली है तुम्हें शिक्षा
संगीत की?

नहीं

नृत्य की?

नहीं

किसी भी कला से
दूर तक जब तुम्हारा कोई वास्ता नहीं
तो कैसे बन गयी विषकन्या

बस बाँध ली
देह में विष की पोटली

इतना भी नहीं पता
विष
ज़हरीला नहीं होता
कला उसे घोलती है

कितना ज़हरीला बनाना है,
सब्ज़ी में नमक की तरह जानती है

ओ धर्म गुरु
यहाँ ज़हर के पहाड़ जल रहे हैं
मेरे भीतर और आप शिक्षा दे रहे हैं
ज्ञान दे रहे हैं,

धर्म गुरु ने मुड़कर देखा
वह साँप के फन सी लहरा रही थी,
पैरों के धमक से

काँप रही थीं दिशाएँ,
ख़ुद को जला रहा था जिस्म का ज़हर
उससे अधिक जला रहा था
ज़हर अपमान का

चमड़ी नोचती चिल्ला रही थी
पागलों सी,
क्या करूँ धर्मगुरु
पर्वतों के पंख में बारूद बाँधकर
लुढ़का दूँ इस धरती की किस्मत पर

रास पकड़ खींच लूँ
समुद्र को
और कह दूँ जा बहा ले जा
यहीं अन्त शेष था इनका

बिजलियों का पकड़ूँ केश
और लगाती रहूँ कोड़े
जब तक निचुड़ न जाय ख़ून,
आख़िरी बूँद तक

नदियों का फन्दा बना कस दूँ,
घोंट दूँ गला
पटक दूँ गेंद की तरह इस धरती को, चक्कर काटती रहे
अनन्त काल तक ब्रह्मण्ड में धूल और धुआँ बन

क्या करूँ धर्मगुरु
आख़िर क्या करूँ इस ज़हर का
जो ज़ोर मार रहा है मेरे भीतर
और रो पड़ी
धर्मगुरु ने कुछ पल के लिए
साध लिया मौन,

आसान नहीं था प्रश्न का उत्तर

कोई था एक
जिसने समुद्र का सारा ज़हर पी लिया था
वही बता सकता है कुछ उपाय
उसे पुकार

पुकार वो ज़हर का दर्द जानता है
ज़रूर आयेगा
उभरा भीतर से आर्त्तनाद

तू ज़हर का दर्द जानता है जल्दी आ
तू ज़हर का देवता है जल्दी आ

किसे सुनाई पड़ी चीख
कौन आया, ज़हर की लहर कौन बुझाया
कुछ पता नहीं चला, होश आया
तो बादलों से झर झर झर रहे थे
पन्ने ही पन्ने
यह विष पुराण है बेटी आराम से पढ़ना

असर था विष पुराण का
थी ही नहीं वह, जो आयी थी बनकर

विन्ध्य पर्वत शृंखला के तराशे गये
पत्थर की यक्षिणी सी
गन्ने की तरह पोर पोर रस से भरी

रंग उसका जैसे
माटी में मिली हों किरणें
पूनम के चाँद की
जेठ की तपिश

और पहली बारिश के बाद
खेतों से उठने वाली सोंधी गन्ध सी
उसकी देह गन्ध

चल पड़ी वह
नदी जंगल पर्वतों की परवाह किये बिना
नंगे पाँव, तेज़ धूप में दुर्गम इलाकों में
उसका स्वागत
स्वागत की परिभाषा बन गयी

उसका स्वागत किया
कपास के फूलों ने, आम की मंजरियों ने
गेहूँ के खेत की बालियों ने

उसका स्वागत किया
नदियों के जल, मैदान की मिट्टी
और जंगल की हवाओं ने

उसके स्वागत में कविताएँ लिखीं कवियों ने
गीत गाये गायक दल ने,
औरतों ने बहनापे का रिश्ता जोड़ लिया

एक किसान औरत ने
उसके सिर पर चूनर डाल जताया
यकीन, खोयछे में डाल दिया चावल,
हल्दी और दूब
और विदा किया दे कर
अक्षय सुहाग का आशीर्वाद
तो सहसा रुकी, भर आयी आँखें
और लेट गयी साष्टांग
ओ मेरे देवता,

मुझे संगीत की शिक्षा दे दी
तुझे धन्यवाद

ओ मेरे देवता
नृत्य की शिक्षा दे दी
तुझे धन्यवाद

ओ मेरे देवता
आपने मेरे विष को कला दे दी
अब दरस दे दो

लगा कोई उठा रहा हो
लगा सामने खड़ा हो कोई सकून का पल
आँख खुली
मंच पर बैठे थे धर्मगुरु

चारों ओर जमघट था
हँसी का फव्वारा था
एक बड़ी जंग में विजेता होने का उत्सव था

प्रजातन्त्र का मुकुट लटक रहा था
एक ओर प्रकृति थी, दूसरी ओर मनुष्य
धर्मगुरु के न्याय का वक़्त था

धर्मगुरु ने मनुष्य को देखा
मनुष्य ने रचा था इतिहास
काल के उन दर्रों पर दर्ज किया था विजय
जहाँ प्रकृति की माताएँ जन्म देने के बाद
मार देती थीं अपने शिशुओं को

प्रकृति के ज़हर को
अमृत में बदल चुका था मनुष्य

उसके चेहरे पर दूसरी प्रकृति होने का गर्व था
जैसे मान चुका हो ख़ुद को विजेता

खुन्नस सी थी दूसरी ओर
हवा ज़ोर मार रही थी, पानी ज़ोर मार रहा था
धरती की त्वचा में रोग, आसमान ध्वनियों से बिंधा
प्रकृति बस देखना चाहती थी न्याय, उसे पता था

तन्त्र कोई भी हो, मुकुट उसका है

सबकी निगाह मंच पर थी
सब जानना चाहते थे क्या कहते हैं धर्मगुरु
सब सुनना चाह रही थी क्या कहते हैं धर्मगुरु

धर्मगुरु सामने आये
जितना कठिन क्षण था, उससे कठिन था
निर्णय
धर्मगुरु ने सबसे पहले
देवताओं को बुलाया
जैसे मदद लेना चाहते हों
निर्णय तक पहुँचने में, रह गये भौचक सभी
जब उन्हें ज़मीन पर बैठने को कहा
उनका सम्बोधन भी आदर सूचक नहीं था

मनुष्य का पुत्र
कथाओं का नायक कह कर
उड़ाया मज़ाक़ और मनुष्य के माथे पर
रख दिया मुकुट
आसमान तालियों से गूँज उठा
बल पड़ गये प्रकृति के चेहरे पर

घोषणा आरम्भ हुई

दूसरी प्रकृति के पंच तत्त्वों के नाम की
पहला पंचतत्त्व अग्नि की जगह लेगी
चारों ओर सन्नाटा पसर गया

तालियों की गड़गड़ाहट से गूँज गया आसमान
जब पुकारा बिजली का लेकर नाम

उसकी प्रशस्ति में
बैंड दल ने बजाये धुन और जब कहा गया
दिखा अपना चमत्कार, तो मुस्कराई
पुकारा लेकर मेरा नाम

लाड़ लड़ाया,
दिखाया अपनापा
अरे,
तू चलती चीड़ पर,
तू चलती चिनार पर

हिमालय को
चूर कर डाला क़दमों में,
शानदार काम, तोहफा मिलेगा
छोड़ कोयला खाना
मैं तुम्हें गंगा खिलाऊँगी

चूर चूर होकर
पड़ा है जो उसके क़दमों में
हिमालय है, जिस लकड़ी पर
बिछी है उसकी पटरी,
चीड़ है
चिनार है
मगर ये गंगा कौन है?

कोई था यहाँ,
जिसने समुद्र का सारा ज़हर पी लिया था
सुनते ही चकराया कुछ,
लगा जाना पहचाना सा
और सुन ही नहीं पायी कुछ
सुनाई देने लगी अपनी ही आवाज़

तू ज़हर का दर्द जानता है जल्दी आ
तू ज़हर का देवता है जल्दी आ

वर्तुल की आँधी में
गोल गोल घूमती,
बडेरा सी चक्कर काटती

सात सात समुद्र देखा,
सातों आसमान देखा,
धरती का हर कोना हर अन्तरा देखा
और दिख गया जब सब कुछ
आँखें
डूब गयीं प्रलय में,
सीने में घुसता चला गया
कोई खंजर

वह आयी थी
उस चिड़िया के लिए जो सोने की थी
उस नदी के लिए जिसमें दूध बहता था
वह आयी थी
कल्पवृक्ष और कामधेनु के लिए

वह आयी थी
कपास के फूलों, करघों और गेहूँ की
बालियों के लिए, वह आयी थी

मेथी जीरा हलदी की गाँठ
और उन मसालों लिए जिससे स्वाद आता था

वह आयी थी
शुभ और लाभ के बीच बसे सिन्दूर को
संयम हीनता से पछाड़ने

वह आयी थी
सत्ता, समीकरण और बाज़ार की
सारी तिर्यक रेखाएँ सीने में सहेजकर
पारस पत्थर के लिए
जो लोहे को सोने में बदल देता था

कभी लूट की नीयत
कभी प्रतिरोध
और अन्त में प्रायश्चित्

हाय रे हाय
क्या यही है
विज्ञान की बेटी होने का हासिल

हूक की कील
सीने में और धँसी

आँख से इतना आँसू गिरा
कि पैरों को पानी महसूस हुआ
उभरा आर्त्तनाद
जिससे सम्भव हो प्रायश्चित् यही न्याय कर दो
पहचान लिया धर्मगुरु ने
कहा था न बेटी
ज़हर
जब आर्त्त होकर चिल्लाता है

अमृत बन जाता है, तेरा ज़हर
अमृत में बदल चुका है

कहा था न बेटी
जैसे बाहर नित्य नूतन होती है प्रकृति
वैसे अन्दर नित्य नूतन होती है संस्कृति
यही चलन है, देख शहर की ओर मुँह किए
खड़ी है धरती

तू अपनी मुक्ति देख,
तू अपनी राह चुन

नीचे नज़र गयी
रह गयी भौचक

यह क्या?

लोहे की पटरी दिखी
मन्द मन्द मुस्कराती

यह क्या
गिट्टियाँ बहुत धीरे धीरे चट्टान में बदलती दिखीं
चिनार और देवदार दिखे हरे होते

यह क्या?
सिर के ऊपर बिजली के तार में
बह रही थी गंगा
सहसा चौंकी
चौंकी क्या मार गया भक
चारों ओर मची थी अफरातफरी
मुश्किल था सड़कों के लिए
लोगों को सँभाल पाना

वह औरत
जिसने सिर पर चूनर डाल जताया था
यकीन

वह औरत
जिसने खोयछे में दिया था चावल,
हल्दी और दूब

वह औरत
विदा किया था देकर
अक्षय सुहाग का आशीर्वाद
सहमी सी खड़ी थी, एक पाँव ज़मीन पर था
दूसरा हवा में, उसके लिए
लोकल बन गयी मुम्बई में

मेट्रो मुम्बई

गाड़े जा चुके हैं खम्भे,
लाइन बिछ चुकी है

बनाये जा चुके हैं स्टेशन,
काम ज़ोरों पर है, बहुत जल्द आ जायेगी
मुम्बई में एक और लोकल, वातानुकूलित डिब्बे होंगे,
वातानुकुलित होंगे स्टेशन, नाम होगा मेट्रो

पर वह लोकल नहीं होगी
जैसी हो तुम

एक दूसरी लोकल, बन्द होंगे जिसके दरवाज़े
मासिक पास नहीं होगा, नहीं चढ़ेगा
कोई ज़रूरतमन्द
मौका बेमौका बिना टिकट के

एक निहायत दूसरी, ऐसी दूसरी
जो लोकल कहने पर बुरा मान जायेगी

मैं तो कुछ साल पहले आया
जाना इस शहर को, तुमने तो गँवाई यहाँ अपनी सारी उम्र,
वह उम्र जो तेरी थी, और वह उम्र भी जो महज़ तेरी नहीं
जाने कितनों की थी और सही मायनों में
इस मुल्क की भी थी

तुम्हारा रुकना,
तुम्हारा चलना,
सीटी बजाना,
भीड़ और शोर तुम्हारी हर एक अदा
और तुम्हारे साथ बीता हर एक पल

तुम्हारी आवाज़,
तुम्हारा स्पर्श,
तुम्हारा जादू
यहाँ तक कि तुम्हारी भावनाएँ भी रहेंगी मेरे साथ

लेकिन यह सच है
मुम्बई में मेट्रो आ रही है
एक बहुत बड़ी मेट्रो आ रही है पूरी दुनिया में
मैं भी जाऊँगा उम्मीद करने एक और नयी मेट्रो की

जिसमें जा सकूँ मैं,
जा सकें मेरे जैसे लोग

□□